잃은 별
찾은 별

산과 구름으로 함께한 당신께
이 시집을 헌정합니다

잃은 별 찾은 별

최병수 시집

하나로선 사상과문학사

서문

가슴의 응어리가 뭉쳐 쏟아내는 속울음!

박 영 률
사상과문학 발행인/시인(철학 · 교육학 박사)

최병수 시인의 첫 시집 “잃은 별 찾은 별”을 가슴으로 읽으며 큰 감동을 받았다. 시인은 가슴속 깊은 곳에 응어리가 뭉쳐 있다가 쏟아내는 속울음이다. 눈물보다 더 진한 아픔과 고뇌 그리움이 시편마다 분출되기 때문이다. 필자가 “하나로선 사상과 문학”을 발행하면서 가장 큰 보람 중에 하나가 최병수 시인 같은 실력자를 발굴했다는 사실이다.

최 시인은 그의 시에서 “…부러진 꽃대 / 상처 헤집고 일어선 / 새 가지엔 / 망울진 꽃망울 / 떨어진 눈물방울 / 무심코 스치다가 / 부러뜨린 / 미숙한 호기심에 / 미안해 / 무섬 타는 밤 / 홀로 지새게 내버려둬서 / 미안, 미안해…

(바람, 꽃에 미안해 중 일부)" 하는 감성을 가졌다. 시인은 꽃망울을 보면서 그것이 떨어진 눈물방울이란다. 시인은 잔잔하게 웃고 있지만 그 웃음 뒤엔 보이지는 않지만 눈물이 있는 것이다. 그 눈물은 짙은 사랑의 눈물일 수도 있고 그리움의 눈물이거나 목회현장에서 남몰래 흘리는 눈물이 있었기에 시인이 될 수 밖에 없었다. 꽃망울 뒤에 감추인 눈물 그것은 속울음이다. 그만큼 아픈 사연이 있었음을 느끼게 한다. 속울음을 우는 사람은 깊이가 있다는 뜻이기도 하다. 그 아픔을 뛰어 넘어서 감사의 눈물을 체험했다는 의미이기도 하다. 예쁜 꽃을 피워내며 아름다운 자태와 향기를 발하기 위하여 온갖 아픔과 남모르는 외로움, 고달픔, 그리움이 속울음으로 잉태되고 꽃망울이 터트려지고 결국 열매가 되는 것이다. 그래서 시인의 영혼은 아름다운 것이다.

시인은 무엇보다도 시를 사랑하는 사람이다. 자신의 시에 대하여 무한한 애정이 있다는 것이다. 그래서 첫 번째 시집을 내면서 시인 자신이 정성을 다해 먹을 갈아 붓으로 쓰는 정성과 애정을 보이고 있다. 글씨 자체가 곧 본인의 사상과 감정이 깃들인 예술인 것이다. 먼 훗날 후손들이나 그의 제자들이나 지인들이 활자화된 시가 아니라 그의 육필을 대하면서 많은 것을 깨닫게 될 것이다.

그의 첫 시집을 축하드리며 다음 시집을 기다린다.

내가 보이느냐
푸른 나무
예쁜 꽃
너만 보는데
행여
나를 보느냐

구름 되면 안길까 하여
네 품 찾으면
하늘이 넓다며
미워 울리지만

내려 앉으라
자리 잡지 못하고
쏟아지며
천둥으로 부르는 이름
산아
나의 산아

차 례

2부

목련의 오후

3부
별 꽃 우리

4부

파 도

자서

나 자신의 고백이면 좋겠습니다

예쁜 종이에 정성스레 써서
설렘으로 건네는 잘 접은 쪽지 보다
눈빛 하나에 하고싶은 말
다 전하는 단문장이면 좋겠습니다

쪽지를 읽을 때 보다
눈빛 읽는 일에 설레고
그 순간은
세상에 가장 투명한 수채화
절실한 사람 필요할 때
그리움 채워주는
화폭이면 좋겠습니다

당신이 혼자이거나
잿빛 하늘 무거워 호흡이 버거울 때
어깨 감싸 안으며 속삭여 줄
아리아이면 좋겠습니다

진실의 손끝으로 영혼을 일깨워
메마른 마음 적셔줄 수 있게
쉼 없이 솟아나는
옹달샘이면 좋겠습니다

이천십사년 봄날
이송 최 병 수

내가 보아는 냐
푸른 나무
예쁜 꽃
나만 보는데
행여
나를 보느냐

구름 되면 안길까하여
네 품 찾으면
하늘이 넓다며
피워 올리지만

내려 앉으라
자리 잡지 못하고
쏟아지며
천둥으로 부르는 이름
산아
나의 산아

1부

벧엘에 와서야

클레오 파트라

쌍태 어린 사슴 닮은
아름다운 젖무덤
석류즙 흐르는
고운 입술로
제국의 정복자를
굴복시킨 꽃

독보다 절실한 향기로
죽음의 결전
비웃었네

메마른 심장에
피 흐르는 길 열어
생명 바쳐
춤추게 하는
그대
클레오파트라

하늘수박과 고추잠자리

엉겅퀴의 넝쿨에 매달려
뜨거운 여름의 진노에
위태로운 하늘수박

무모한 사랑은 못할 짓
멈출 수 없는 고추잠자리
하늘수박에 아슬아슬 내려앉았다

온 몸에 벌겋게 사랑불 당겨
퉁퉁 부은 두 눈 머리에 이고
하늘이 무거워
하늘수박에 날개 접었다

글썽거리는 눈물 훔친 소매 깃엔
하늘이 묻어나고
외진 구석 쫒긴 살이인들 서러우랴
핏대 선 쑥덕공론에도 사랑은 경이롭다
기차는 간다

변명은 말자
함께하면 자랑스러움 생기지
사랑해서 찔린 가시는 아프지 않다

숨 조인 하늘수박
기어이 대롱대롱
고추잠자리 큰 눈 연신 닦아
하늘 덜어내고 초롱초롱

노루

길 두고
숲으로 다니다
어미 꾸중에
눈치만 남은
새끼 노루
어미 길로
들어섰더니
어미는
덫에 걸려있네

둥근 선인장

산고에 놀라 팽개쳐진
가시뭉치 자식들
젖배곯아
주름졌구나

비좁은 토분에
곁살이 뿌리 내릴 동안
가시 하나
뽑아 주지 못한 아비에게
아린 원망으로
온몸 부르텄구나

가슴앓이에
과분하게도 크게 핀 꽃
홀자 자라
참 슬프도록 예쁘구나

하필이면
선인장 새끼로 태어나
아픈 가슴끼리
안아주지 못하고
단 하루
꽃 필 날만
손꼽고 있구나

미스터 비아그라, 미세스 시알리스

터미널 화장실 소변기 위
큰 글씨 명함 주인은
미스터 비아그라, 미세스 시알리스
이름만으로 보면 외국인 부부다
이주 노동자일까
멋진 환상에 젖어
돈과 환락 뒤엉킨 이 땅에
섣부르게 귀화한 사람일까

어느 버스 터미널에나
먼저 기다리고 있는 이들 부부
발도 넓고 부지런하다
방방곡곡 자기 이름으로 채웠으니
대권 주자를 노리는가
선량 입성하려는가

열기 많은 사람들
분출하지 못한 에너지로
공장엔 노사분규, 밤거리엔 음주 고성방가
의사당엔 비싸게 마련한 진흙탕 싸움장
끓는 피 주체하지 못해
길 잃은 물결 물결들

이 땅에 잠입해 자폭 유혹하는
고약한 이들 부부
성냥불 그어댐은
자폭하라는 것인가
번성하라는 것인가

황소 개구리

이사 온
개구리
따돌림 당한다
외양간은
저쪽이라고

백합화

입 키우다 퇴화한 혀
막힌 목구멍
온나팔 뻘나팔
소리 내지 못한 채
탐욕대로 삼킬 수 없는
아가리만 열려있다

어둠에 반짝이던 빛 잃고
모양만 남아
골짜기와 마른 광야
서러운 이들에게서
슬며시 비껴선 별

물줄기 말린 탐욕의 나무
그늘에 기대어
향기 잃고도
버젓이 화려한 자태

뿌리 잘려 묶인 채
사시사철 호사스레 핀
온실 안 백합화

강남 유기견

대치동 양재천변
주림 겨운
다이어트족에게서
벗어나라
일원동 분식점 길엔
사료 아닌 황금,
튀김 조각이 있다

낡은 삼층건물
지하실 계단 바닥에
졸고 있는 달걀 한 판

앓아 누운 아내 위해
손 밖에 잡아줄 것 없는
가난한 목자에겐
천사의 자취다

웃음소리 올라오는
계단 턱 베고 누워
어둠 끌어 덮으면

해어져 난 하늘 구멍마다
별가루 쏟아져
꿈길 잇는다

기도

사랑 받으며 살고싶어
몰래 바친 기도에
사랑해야 할 이들만
보내주신 당신

가난한 세상에 태어나
좁은 길을 가도
그 뜻 너무 어려워
지쳐 쓰러져 보니
사랑의 품

피 묻은 손으로
쓸어 다독이시는
젖은 눈길 대하고
비로소 바치는
오열의 기도

사랑하게 하소서
사랑하게 하소서

강

처음엔 단지
한 줄기 흐름이었다

좁은 골 절벽을 만나선
차라리 폭포가 되었고
이름 없는 갈래꺼리 손 잡다 보니
강이 되었을 뿐

물 그림자에 어린
청춘과 백발을 두 손에 떠 보면
움큼 안의 좁은 세상
다만 한 모금의 세월

두어 구비 남은
길 재촉에 바쁜 강은
돌아갈 수 없는 산을 품고
데려갈 수 없는 산을 품고

말 없이 내려다 본
하늘마저 한 모금에 품고

벧엘에 와서야

기다리는
따뜻한 품이
축복임을 몰랐습니다

풍파에 깎이고 닳아도
바위가 있을 곳
바닷가 그 자리듯
오직 기대야 할 나의 님

처음 사랑받은 벧엘에 와
무너진 돌
맨손으로 먼지 털어 세우고
간절한 기름 한 종지 부어
기러기 울음으로 부릅니다

돌아섬이 기쁨임을
모르고 살아 허기진 영혼
적당히 두른 울타리
비좁다 걷어내고

표지석 벌리는 몸부림이
방황에 지나지 않았음을
나이 들어 지친 육신
벧엘에 와서야 멎습니다

산꽃

찬바람에 알몸 떨면
햇살 옷 입혀주고
방황의 날엔
향기 말아 주었어요

쓸어주던 머릿결
헝클어진 그믐날
구름에 마음 실어
기별할게요

안개비 내리면
그리움 적셔오는 내음 좇아
허겁지겁 달려 오를
고갯마루에

몰래 피는 연습에도
아직 서툴러
썩 예쁘지 않아도
기뻐하시리
구름 가는 길목은
언제나 두근거려요

산아

내가 보이느냐
푸른 나무
예쁜 꽃
너만 보는데
행여
나를 보느냐

구름 되면 안길까 하여
네 품 찾으면
하늘이 넓다며
피워 올리지만

내려 보느라
자리 잡지 못하고
쏟아지며
천둥으로 부르는 이름
산아
나의 산아

일란성 영혼

한 번 시작하면
죽을 듯이 앓는
아내의 신음소리가
밤새 내 품을
헤집고 들어왔다

고열로 혼미한 내게
아내의 손길 절실할 때면
되레 발치이불 파고든
병아리 한 마리,
이마에 배어난 외로움을
닦아줘야 한다

내가 아플 때면
더 많이 앓아눕는 여인
우리는 일란성
온이 과분하여
영혼 하나를 나눠 가진
반푼이 짝

거울 속 초상화

화장을 예쁘게 하던 그녀
거울에 들어가 꽃이 되었다

자갈밭 맨발이 아파
종종걸음 멈추고
눈물 흐르는
냇가에
여리게 피었다

거울 속 창 밖 풍경을 바라 보는
벽에 걸린 초상화는
타인의 시선
당장 내려와
물제비 따라 거울 속으로 들어가라

제 눈물 시내에 발 담가 기다리다
자갈 틈새라도 함께 피어
팔짝팔짝 뛰고 싶어 하는
거울 속으로 들어가라
맨발로 기다리다
목 길어진 꽃 곁에 서라

잊는 연습

읽고 또 읽어
줄줄 외는 낡은 편지도
버리려면 잊혀질까
잠 설치는데

다 닳은 몽당연필도
버리려면 말 막힐까
가슴 떨리는데
사랑하는 사람 잊는 일이랴

바위에 새긴 글은
맨손으로 문질러도 지울 날 있으련만
무른 가슴에 새겨진 당신
지울 길 없네
젖은 마음에 스민 그대
짜낼 수 없네

어둠이 덮지 못하고
밝음이 드러낼 수 없는
너와 나만의 비밀

언젠가 올지 모를
헤어짐을 두려워하며

사랑할수록 골만 깊어가는
슬픈 축복

잊는 연습으로
서로에게 기댄 초읽기 행복
하도 많이 쓰고 지워
짓무른 하늘

어이할거나

봄이 오는데
어이할거나
아직도 겨울인
산 그늘을

새가 깃드는데
어이할거나
얼리던 위세
녹게 될걸
알지 못하는
잔설 삭풍을

꽃 피고
새 우는데
어이할거나
혼자 겨울인
저 산 그늘을

커피향

차마 두고 올 수 없어
실눈에 담아 온
커피의 고향

원두 따다
손가락 닳고 남은
조막손 닮은 꿈
생명선 하나 그은 손바닥으로
태양 다 가리지 못하고

화덕에 들볶여
첫 손길의 각인효과
허기지게 드러낸
초콜릿색 피부

그리 볶이고 갈려
뜨겁게 우려나 잔을 채운
진한 커피향에
환호하는 사람들

그대에게선
커피 냄새가 난다
해맑은 소녀의 눈동자
곧 흐를 것만 같은
눈물에 우린 커피향이 난다

내 영혼 잎새에

바람이 인다
종일 불어도 스친 듯 아쉽고
순간 스쳐 지나가도
긴 세월 인 양 뿌듯한

전부 가져가도
다 받은 것 같고
한 없이 받아도 모두 줘버린 듯 해
늘 아쉽고도 만족한

작은 배려 타래 풀어
올올이 엮어 오는 미세 파동조차
천둥인 듯 감지한
사랑센서 불 켜고

아지랑이 너울춤
내 영혼 몽환의 잎새에
바람이 인다
당신이 인다

2부
목련의 오후

다닥냉이

박한 비탈에
매달린
허기진 주머니를
동인 머리께
십자화 무겁다

고픈 시절
좁쌀 같은 설움
한술배기 담던
헌 주머니라
버리지 못하고

약한 몸에
못난 웃음거리도
함께 하니
하얀 별 꽃밭

막힌 숨
들풀의 향기로 날려
코끝 매콤하게
다닥다닥 달린 봄

고목

계절의 발길질로 박힌 굳은살
심장까지 전이된 말기 삶
피 마른 혈관에
남아 있는 한 방울은 오직 기다림 하나

하늘 뜻 받드는 성자처럼
혼자만의 방식으로 사랑하다
사지육신 뼈마디 굳어
매무새 조차 여밀 수 없다

하늘 낮아진 어스름 저녁나절
오감 죽었어도
실바람 한 가닥에
처음, 맨살 닿던
그 순간의 소스라침으로

목에 잠긴 묵은 연가
불쑥 치솟고
너덜겅 바위부스럼 털어 낸
잎눈 번쩍 뜬다

민들레

메마른
언덕에
한껏 피었네요

고집불통
굳은 땅에
자리 잡더니

이 악물고
뿌리내려
박토 동토
일구어

외롭고
서러운 땅에
고운 당신
피었네요

산동 산수유 꽃

비좁은 껍질에 갇혀
시린 겨울 이겨낸
작고 여린 꽃술들아
이젠 입 열어
속말 좀 들려주렴

잔설 우기는 바위 골에
보란 듯 환한 미소
참 예쁘구나

오밀조밀 생긴 꿈
불꽃 터뜨려
바람도 노랗게 머문
눈부신 골짜기

설움 떨쳐낸 가지
사이, 사이
새봄의 기별 살포시 내민
사랑스런
산동 산수유 꽃

목련의 오후

겨울 밀쳐내고
하룻밤 봄바람에
순결로 활짝
피어나면

터질세라 수줍은
우윳빛 봉오리에
속절없는 햇살
무성의한 손길

굶주린 사랑
채울 길 없어
차라리
빗물 따라
우수수 떨어지네

사과꽃

흰눈의 감언이설에
송이마다
부어오른 두드러기
꽃눈의 아우성으로
긁어 낼 수 없다

향긋한 고백도
하기 전에
연두빛 시샘에
떨어져야 하는가

꽃 한 번 잎 한 번
낯선 봄바람 입맞춤에
하얗게 질린 넹가슴
흩날린다 하여
흰 눈일 수 없네
하지 못한 말들 두고

소리없이
폭죽으로 터져
어둠 향해 몸 던지는
마지막 하얀 등불

글라디올러스

잔디 메마른 화단에
화장 짙은
글라디올러스

알뿌리 감춰두고
이글거리는 열기에
맞설 수 없다

단비 지나가자
중천 햇살에 달구어진
매혹스러운 얼굴

시간 속에 물들어서
지워지지 않는
글라디올러스의 여름은
진홍빛입니다

이른 아침 비

온 몸 부서져
밤새 유리창에
그려놓은
투명한 몸부림

창 밖 나뭇잎
꽃이파리에
비의 땀과 눈물로
드러난 속내

색깔 없이
채색해야 하고
소리 없이
부딪치는 아픔으로
말하는
이른 아침 비

창 가 서성이며
젖은 마음 두드리는
한 음절 외침

바람은 쉬지 않는다

숲에 살며
나뭇잎 위를 달리는
부지런한 소리
가지 뒤흔들어
숲을 가꾼다

헛발 디뎌
땅에 떨어진 바람은
산에 오른 모두를 감싸며
못 박힌 거친 손바닥으로
맺힌 땀을 쓸어준다

다시 올라가지 못해도
기둥나무 사이 오가며
걸레질하는 걸
부끄러워하지 않는다

멈추는 순간 소멸하는
자신을 알고부터
바람은 결코
쉬지 않는다

장미꽃

화장기 없어도
함굿한 살결
풍만한 자태 훔쳐보며
수근대는 정원

갸름히 도도한
가시 돋친 목
간질이는 바람에
도톰해진 봉오리
함초롬히 이슬 젖어
달빛조차 수줍다

혼자서도
무서워하지 않고
심산유곡에 피어나는
원추리 구절초 부러워

어둠 비낀 새벽녘
졸음 겨운 햇살 깨워
중천 재촉한다

바람, 꽃에 미안해

비켜 도는 사이길
부러진 꽃대
상처 헤집고 일어선
새 가지엔
망울진 꽃망울
떨어진 눈물방울

무심결에 스치다가
부러뜨린
미숙한 호기심에
미안해
무섬 타는 밤
홀로 지새게 내버려둬서
미안 미안해

향기 잃고 시들어
떨어지는 날까지
함께할게
아픈 꽃

꽃에는
바람이 머문다

실개천

하늘 한 모금 흐르는
실개천
수줍은 제비꽃

쉬던 나비 날아
꽃잠 깨우면
물에 잠긴 흰구름
정겨운 투정

그리운 얼굴
배시시 차올라
눈물 고여야
졸졸졸 따라 나선
옛이야기

혼란

고고한 숨에
꼭지벌레 붙어
빨간 피 다 빨리고
입천장에 말라붙은 혀

보험료 체납하여 수급 자격 잃고
창백한 얼굴 처연히
한줌 먹거리에 눈길 서는
참담한 자존심

눈비라도
후련히 씻어주면 좋을 걸
일상도 사치인 그 꿈이 아파
창 너머 푸른 산하 빤히 내보여도
어두침침한 구석 비좁은
코르셋 화분 살이 벗어날 길 없다

집주인 기척에
두근거리는 가슴
한숨에도 세월의 고물 묻어
속 빈 꽃이 진다

꽃이라 하여

꽃이라 하여
어찌 다 예쁘랴

소중한 사람 잃고
만난 꽃은
아름다울수록 외롭고

상처 난 마음에
피어난 꽃은
색깔마다 아픔 배어
향기조차 신음일 걸

밝게 웃는 꽃은
환한 세상
봄꽃에 날아든
벌나비

스러지는 꽃잎은
여한 두고 떠나는 님

네 눈에 보이는 꽃
내 눈에 들어온 꽃
제마다 아픔인 걸

질그릇

물속에 가라앉아
숨 막혀 묻힌 덩이
밟히고 짓밟혀
물레에 오르면

하나 되라 크게 되라
살점 으깨는 수레 매질은
짓값 인가요

그늘에서 잠시
한줌 흙의 길
돌아 보기도 전에
섭씨 천이백도
가마불 시련은
형벌인가요

빚어져 그릇 되었으면
비워 둘 길 없으니
곱기 말고 보화 채움이
순명인가요

시인은 달립니다

길이 끝난 지점에서도
깊은 호수의 침묵 속으로도
시인은 달립니다

유성을 부싯돌 삼아
신기전 심지에 불붙인
뜨거운 화약을 품고
식은 가슴에 박혀 터지고자
시퓸을 가르는 언어
채워 달립니다

적막과 고요의 세상
흔들어 깨우고
다툼과 갈등의 계절
다독여 재우며

가파른 언덕을 향해
가쁜 숨 내쉬는 민달팽이처럼
바람에 몸살 앓고
햇빛에 열병 들수록
멈춰 서지 못합니다

살아생전에
시 한편 잘 구워내는

도공이 되고
모두의 가슴을 울리는 글귀를
불꽃 튀는 망치소리로 새겨지고파
영혼에서 영혼으로
징검다리 놓아 달립니다

우리 서로

비 없이
해 난들
무지개 뜨랴

해 없이
비 온들
무지개 뜨랴

아픔 없이
사랑
무르익으랴

사랑 없이
아픔
밑거름되랴

잃은 별 찾은 별

고층아파트 좁은 하늘에
별 하나 떴습니다
아잇적 종탑 타고 내려와
하늘 이야기 들려주던
세월에 빠뜨려
잃어버린 그 별

새벽기도 길목조차
땅만 보고 가는 나를
퉁퉁 부은 눈으로
불러댑니다

별 따라가리라던 다짐
까맣게 잊어버려
마굿간에서
홀로 기다리다 지치고

물 긷는 사마리아 여인과
막달라 마리아의 눈물에도
혼자 반짝였노라며
마주치자마자
와락 품에 안깁니다

하 오래 멀어져
안절부절 고개 숙이는
소맷자락 채어
맨 처음 품었던
하늘길로 가잡니다

여름밤 천호지

찬 샘에 몰래 멱 감던
여인네의 여름밤
천호지에 불빛이 뛰어들었다

하늘에 숨은 작은 별들
물장구에 얽히다
눈부시게 흩어지고

길게 드리운 불그림자끼리
등 밀어주다보면
다 비친 속내
부끄럼 없다

제각기 다른 불빛으로
가물대는 기다림
구실 못하는 깜박거림조차
한데 어우러진

여름밤 천호지는
불빛으로 왁자하다

3부
별 꽃 우리

단풍잎

새잎으로 태어나
치열하게 푸르렀고
활활 타는 불꽃으로
산하를 희롱했다

갈색 주검의 길에
숨 가쁠 때도
안일의 구석으로
도피하지 않으리

유혹의 바람 가득한 허공
손사래에 날 저물고
허락 없이 둥지 튼 산새들로
밤새 겨를 없지만

먼동부터 석양까지
빚장 걸기 아쉬운 여일
붉은 고백 가슴 들끓기까지
포기하지 않으리

억새꽃 물결

이슬목욕 살가운 밤
바람결, 서린 입김으로
다가온 별들
포근한 입맞춤으로
속삭여 주네

새벽녘 갈바람에
헝클어진 머릿결
달빛으로 빗겨주면

숨 멎듯 아미 스친
떨리는 손끝 타고
온 몸에 퍼지는
향기로운 전율

하늘이 땅 되고
땅이 하늘 되어
헤어날 길 없는
억새꽃 물결

늦가을 비구름에

비바람 소식에
부산한 숲 속
먼 길 재촉 받은
왕매미 노래를 잃었다

먼지 길에 나와
몸부림 다 한 지렁이에
꼬인 개미떼
모래로 짓밟힌
주검들의 자리다툼

먹구름 지나는
삶의 길목은
무엇 하나 머물지 못하고
영역다툼에 숨 가쁘다

여름이 쫓겨난 빈 자리
검푸르게 멍든 잎들
색 고르기에 여념없어

하늘 열린 좁은 길엔
잡초만 무성하다

가을날엔

마지막 잎 지기 전에
쓸쓸히 맺힌 빗물
춥지 않게 하소서

곰 앓이에 놀라
선잠 깬 갈색 그림자
비탈 채오르는
절박한 순간에도
아름다운 입맞춤은
허락하소서

바람이 덮치면
꽃비로 떠나야 할 이파리들
가지 앙상해도
스스로 대견스러워 할만큼
용기 있게 하소서

마지막 한 잎조차
남겨 두지 않아도
새날 새순의 약속 믿어
돌아서는 석양을
아파하지 않게 하소서

낙엽 숲길

갈색 멍울의 메마른 사연
지나온 갈피 수북한 숲길엔
밟혀도 더는 슬퍼하지 않는
지혜로 가득하다

세월의 솔질로 탈색된 시간 앞에
꾸미지 않아도 아름다운 속삭임
뭇별 반짝인다

식별할 수 없는 희미한 화석에서
용케 살아난
실러캔스의 혈맥 깊이
흐르는 그리움

바람이 불면
누운 잎들 버섯처럼 일어나
생명의 푸자로 숲 가득 외친다

한계령에서

너와 내가
안개 구름 되어
지펴 오르는 기슭

붉고 노오란
신비의 고백
흠뻑 젖어
설레어라

풀 섶 갈잎의
은밀한 속삭임
잔바람 하나 되어
믿고 바란 응시

이 길 다하거든
하늘에 가자
고운 손 꼭 잡고
하늘에 가자

바람

밤 낮을 다 털려
벌거숭이 된 벼랑에
멱살 잡고 헐떡이는
굶주린 바람

한 입에 세상 다 삼키고도
아직 허기져
머리 풀어 하늘 땅 헤매는
아우성 바람

할퀴어 뜯긴 난간 잡고
애간장 호소하다 귀먹어
냉가슴으로 자해하는
악다구니 바람

황무지의 심장에
흐르던 피 말리고
난타질로 먼지 일어
목타는 바람

사랑 갈구하고도
샘물 한 방울
떠줄 줄 모르는

욕심만 차

측은한 바람

별 꽃 우리

별들은
예쁘게 화장을 하고 내려와
외로움 타는 이들에게
꽃으로 핀다

질 때까지
지우지 않은
고운 색 향기로
물들어 가는 오솔길

원래 별자리는 꽃자리였을까
바람에 흩날리는
유성 꽃잎에
밤과 낮이 설레인다

나는 별
나는 꽃
하늘과 땅 멀어도
웃음 한 번으로
우리가 되는

숯불

타오르는 화염보다
가슴의 온기에
칼이 보습되는 희열

자신을 먼저 까맣게 태워
숯이 된 사람끼리
맨발로 무릎으로
어깨동무로

서로 비벼 숨 쉬다
한 뭉치 되기를

새가 되어

새가 되어 오른다
동네 위를 휘돌아
구름을 몰아내고

몽당연필로
허공에 금 그어
하늘을 차지한다

시베리아
히말라야
넘어 온 새는
표나지 않은 금 그으러
거기까지 간 거란다

한평생 날아
온 하늘 차지한 줄 알았더니
결국 땅에 내려야
단잠 청하고
흙에 돌아갈 걸 알게 되었단다

겨울 단풍나무

오그라든 잎도 단풍이랴
찢긴 잔가지에 남은
구차한 미련일 뿐

별빛 반짝이다
노랑 빨강으로 말라져
내쫓긴 알몸들

떨어진 별이
땅에 뒹굴며
꿈꿀 수 있으랴

한 해 두 해
외줄 타기에도
한 아름 굵어
빈 터 채운 단풍나무

허망한 인생도
사노라면
저마다 가득 차고
잎 진 빈 터에서도
나무는 자란다

십이월 한가운데서

늦가을 정취 묻어있는
잔가지 자락에
찬바람 눈초리에
하얗게 부서지는 떼구름

눈꽃 핀 가지마다
열려대는 추억
볼 녹이려면
쏟아 내리는 사연들

겨울이 깊숙이 숨어든
그대 머릿결 위에
서리 내린 구름가루
녹을 일 없겠네

손 없어 녹아지면
참 좋겠네

소금

쓰라린 햇볕
아픈 바람에 닳고 닳아
절어버린
굳은살만 거두시나요

서러운 세상
모나고 거친 그대로는
숨도 쉬지 말라고
꼭꼭 눌러 담아
또 몇 해
어둠 깊이 버려두시나요

진액 다한 날
회생의 숨결로
눈부신 하늘 열어 주시더니
도도한 흰 빛깔
잘 재운 고운 결도
쓸모 없나요

녹아 없어져
소금이라 불리지도 말고
단지 맛이 되기만을
바라시나요

등나무의 생애

남 기대어
높이 오르고 나서
손 내밀어 준 가지들
감아 조이고

무성한 잎
꽃무더기에 자아도취해
비비꼬인 알몸 노출
눈치 채지 못한다

계절이 바뀌면
원죄 드러나
영혼이 새나가고

섬유질에 점령 당한
육신만 남아
허공에 뻗은 촉수
너울춤으로 운다

폭설 주의보

길 끊겨 고립된 세상에
소리가 소복이 쌓였습니다

남수단 내전으로 스러진
백성들 신음과
아프리카 굶주린 어린아이들의
초점 잃은 숨결
남편에게 코를 베인
부르카 여인의 절규

신의 골짜기
명예살인 집행자 사내들에게
죽임 당한 처자
공포의 호곡소리가
꽁꽁 언 바람을 밀쳐내고
몸서리나게 내립니다

전등불 아래
케이팝스타들의
현란한 춤과 노랫말 따라
러닝머신을 밟으며
배달온 프라이드치킨을
단지 냄새만 맡고
버리는 창밖으로
차마 녹을수 없는 소리가
펑펑 쏟아집니다

마지막 갈피를 덮으며

한 해 한 권씩
수십 권의 책을
써 왔습니다
한 해도 거를 수 없는
인생의 책을

언제나 첫 장엔
멋진 스토리 골드맵
중간쯤엔
부패와 악취에 뒤엉킨
언어공해 폐기물과
방황하다 죽은 글자들이
하얗게 묻힌
텅 빈 페이지들

불쌍한 글자들 부축해
다잡아 세우려 해도
넘긴 페이지를 수정하거나
채울 수 없다는 조항으로
과거는 이미 봉인 되어
출판 불가 판정

단 한권이라도 펴내고 싶어
올해도 회한의 눈물
내년의 잉크병에 채워봅니다

새벽 안개

밤도 낮도 아닌 새벽에
구름도 비도 아닌 안개 덮였다
더러운 세상 가려 주노라 으스대며
아름다운 것들 마저 삼킨다

한 줌 햇살 스쳐 지나가면
품에 꼭꼭 감춘 속내 드러날 터인데
새벽이면 발동하는 본성 누를 길 없다

낮에게 말해준다 밤을 달래고
밤에게 부탁하마 낮을 꾈려서
무궁한 세월의 감성 제물로 삼아
차가운 손끝으로 애무해준다

너도 나도 헤어나지 못하는 어줍치기 새벽에
또 한쌍 안개 속으로 신나서 들어간다

찬비

어스름 저녁부터
먼동녘까지
창밖에 서성이다
젖어든 빗줄기

천둥 번개 입방아에
변명 한 번 못하고
갈가리 부서진 가슴엔
응어리만 가득하다

달빛 환한 코스모스 샛길
설레는 첫 약속
깊어갈수록
서로 알아볼 수 없는
물안개로 피어나는 새벽까지

얹힌 가슴 언 맘
따사로이 적셔줄 수 없는
찬 비
찬비야

산, 구름 피우고

산허리 비좁아
초가지붕 연기 따라
눈 맵게 피어올라

온 세상 방황하다
머물 곳 없어지면
무거운 몸으로 돌아오지만
산자락에 안기지 못해
홍곡으로 쏟아지네

첩첩 둥지 산이 품으려도
안아줄 수 없어
골마다 넘치는
안타까운 눈물

떠나는 구름의
되오는 그리움
보내야 할 산의
맞이하는 기다림

내가 보아야
푸른 나무
예쁜 꽃
너만 보는데
행여
나를 보느냐

구름 되면 안길까 하여
네 품 찾으면
하늘이 넓다며
피워 올리지만

내려 앉으라
자리 잡지 못하고
쏟아지며
천둥으로 부르는 이름
산아
나의 산아

4부

파도

고양이

주인 품에서
텔레비전 훔쳐보던 고양이
괴물로 변하는 생쥐 프로에
그만 놀랐다
시름시름
쥐구멍 앞 지나다
제풀에 놀라
펄쩍 뛴다

파도

바다는 목에 걸린 세월을
울컥울컥
모래사장에 토해낸다
발가벗고 누워있는 수줍은 모래톱
전력질주 짝짓기 시도하지만
대양大洋의 기세로도 오르지 못하고
가시 걸린 세월만 내뱉는다

쇄파의 몸부림에
몽정에 시달리던
사춘기 부끄러움 되살아나
빈 가슴 도리질로 파문 일고
밤낮 증폭된 욕망이 출렁인다

먹구름 속
케케묵은 옷 벗겨진 줄 모르는 전선電線의
부끄러운 입씨름 스파크 바다를 찌르고
덩치 큰 태양의 이글거리는 번뇌
안겼다 빠져나갔다 피로 물들었다 아물었다
시달린 바다는 갈가리 찢어진다

속 시원히 안겨 보지 못한 모래사장은
불감증 걸린 석녀처럼 누워있고
대양을 다 채우고도 제대로 품지 못해
때로는 메마른 바다의 상처 난 열정
파도의 애무는 단지 손재검이다

길

욕망에 목말라
영역표시 지운 채
꿈틀거리는 길들

희미한 흔적들
연가시처럼 얽혀
이정표로 풀어낼 수 없는
혼돈의 시간

길이 나지 못한
원시림마다
분노와 체념으로
예리하게 그어진 선들
그 시퍼런 서슬 위로
다가오는 기척

길을 낸다는 건
길이 된다는 건
다만 밟히기 위한 내어줌
사랑은 그리로만 온다지

비 오고 바람 불어
굽어가는 인생 마디마디
류머티즘 같은 아픔으로
한 칸 한 칸 온다지

징검다리

물길 따라 물고기
비껴가는 다리

지름길 이어주고
무심결에 짓밟혀
대신 젖는 다리

서로 기대려 할수록
떼어 놓아야
물길 열고
발길 잇는
외로운 다리

엎드려 밟힐수록
사랑받는
다리

말

수없이 뱉어져 온
잡다한 말들이
싹 터 얽혀
서로 할퀸다

무심코 버려진 말들
마음 밭에 뿌려져
잠식 당한 생명은
독성에 신음한다

오만의 입술을 빠져나온
매끄러운 말들도
맑은 공기에 닿는 순간

조작 되어 춤추고
게걸스레 받아먹는
원고지는 괴롭다

어미닭과 병아리

돌림병에 살아남은
병아리 한 마리에게
마당 헤집어 주던 어미
외마디 비명 펼쳐
두 날개로 에운다

새끼 품느라
두 발과 날개마저 묶였지만
조그만 부리 하나로
피흘려 지켜낸
단 하나의 희망

유약한 새끼
품에 물고부터
자랑스레 한목숨 던질
강이로운 의미조차
함께 왔구나

어머니는

구십 년 세월에 짓눌려 허리가 굽으셨다
아직도 내려놓지 못한 못난 자식들로
땅바닥 닿을 만치 등이 굽으셨다

텃밭에 쪼그려 앉아
한 줌 채소
주섬주섬 챙겨 주시는 건
기름기 없는 자신의 등골이라도
자식새끼 먹이고 싶어서다

가지 얻어 뿌리 내린 서향나무
애지중지 십여년 그 향기 좋아 하시더니
삽으로 떠 주시며
'베란다에 두면 꽃이 잘 필 거라' 하신다

'서향꽃이 피면 온 집안에 향이 퍼질 거라'며
어머니의 고운 내음 간직한 거라 믿는
자식 곁에
향기로 머물고 싶으신 게다

가실 날 손꼽으며
그 날 수 줄어 갈수록
죽어서도 자식 곁에 함께할 것들 찾으시느라
허리 펼 틈 없이 분주하신 어머니

구례 내 고향

오산 허리 휘감고
흰 구름 멱감는
섬진강변엔
고향이 사네

하늘 닿은 노고단에
발 얹어 길게 누워
기지개 켜는 들판

피아골 비색 물줄기
햇살에 부서지는 나날
맑고 깊은 물굽마다
설레는 은어 각시

산동 산수유 가지가지
봉오리 부푼 마을
노오란 별가루
하염없이 터뜨려
눈물 많던 시절

청내 언덕 과수원 길에서
문척 간전 내지르고
동방천 나루 너머
화개장터까지
한달음에 내닫던

구례, 내 고향
지금도 날 기다려
거기에 사네

나의 손

세상에서
가장 자그만 손

세상에서
가장 하얀 손

세상에서
가장 부드러운 손

세상에서
가장 따뜻한 손

세상에서
가장 강한 손

그대
나의 손

약속

떠나는 날도
이별이라 하지 말자
우리 사이에
이별이란 없는 법

살아서
함께 할 수 없으면
죽어서라도 하나 될
선연된 외길인데

아픈 세월
아무리 흘러도
함께 하자는
무언의 약속 간직하고

떠나는 날도
이별이라 하지 말자

산 그림자

해 짧은 가을
올 길 먼 그대
석양 산 그림자 빌어
와락 드리우네

치근대던 들국화
시샘 핀
댓돌에 쪼그려 앉아
꽃이야기나 하자며

소곤대는 별들의 눈총에
마지못해
슬그머니 일어서더니

어둠조차 다
산 그림자라며
고추잠자리처럼 맴돌며
마냥
살자 조르시네

기척

어스름 저녁
풀벌레 우는 소리

한길씩 자란
억새잎 소리

대숲에 쏟아지는
별빛 스치는 소리

달빛 환한 창호문에
당신 발걸음 소리

친구

힘겨운 시절 함께한
그 친구 그립습니다

고된 짐 지고도
태연하게 다가와
어깨 감싸주는 친구

마음 상할 때면
끄덕이며 들어주다가
쏟아진 마음
주섬주섬 담아주는 친구

설움 겨운 세상엔
나보다 쉽게 우는 바람에
오히려 달래주느라
애 먹인 친구

웬만한 일에는 꿈쩍 않다가
위급하다 싶으면
온 몸 던져 막아주는 친구

울고 웃으며 밤 지새워도
늘 아쉽게 헤어져
발이 떨어지지 않는

생각하면 가슴 쓰리면서도
무작정 설레어
먹먹하게 손 놓게 하는
그 친구 그립습니다

그림자

당신이 한 걸음 떼면
나도 한 걸음
당신이 멈춰 서면
나도 제자리

어둠을 싫어하는
당신 곁에서
그늘로 함께 가야하는
안타까움에
그을린 얼굴 가려
비껴섭니다

함께 나설 분주함에
눈코입 못챙기고
부산떨며
걸음 받치다

날 저물면
그대 덮는
이불 됩니다

영혼에 잉태한 당신

당신을 만난 뒤로
가슴에 쉽덧 일어
꽃은 더 이상 아름답지 않고
꿈도 먹을 수 없어요

그리운 이름들
메아리로 멀어지고
고운 무지개도 사위어 가네요

웃으며 안겨 올 당신 상상으로
물방개처럼 분주한 마음
깨어진 유리창에
서린 입김으로 다가와
하얀 손가락으로 '나. 좀. 봐. 요.'
피나게 적어 보낸 음시에
복받치게 기다려 온
온 세상 얼음 녹는 소리
가슴에서 졸졸졸 들리지 않나요

맛있는 음식이나
예쁜 옷 볼 적마다
진열 된 향수 앞에서
해진 주머니 만지작거리며
소금쟁이로 맴돌다

어렵사리 만난 소중한 기회엔
그리움에 혓바늘 돋아
제대로 한 마디 건네지 못하고
돌아와 죽은 만치 겹쳐 쌓은
긴 밤은 특권

그대 바라다 박힌 모래알은
진주로 키우고파
빼내지 못하고
자다 깨다 앉다 서다
시련의 또 밤 마저
내게는 은총

세상에 태어나 받은 영예는
당신과의 만남인데
설레다 깨져버린 아쉬운 순간들을
떨리는 손으로 사금파리 붙이듯
초조한 나날은 순례여라

온 세상 응축되어
내 영혼에 잉태한 당신
숨 쉬거나 심장 뛸 때마다
전율로 태동하는
오! 나의 신비여

강물에 당신을 띄우고

당신이 먼저 떠나면
하얀 손에 불 댕겨
고운 불꽃 피워드릴게요
과분한 이여

강물에 당신을 띄우고
미련 없이 흘러가는
뒷자락에 대고
고래고래 소리 지를게요
응어리 진 뜨거운 언어로

혼자는 무서워
무릎 기대어
나 먼저 보내 달라던 눈빛
그 자리에 떨쳐 두고
먼, 머언 길 그리 바쁘시던가요
아름다운 사람

호곡의 물결
가슴에 일렁일 평생
남은 자의 속죄는
기약 없는 기다림 하나
당신에 목숨 건 서투른 연인

그리 다급한 걸음으로 가실 양인데
함께 덧칠하던 회벽에
더는 채색할 순 없어요
고분 같은 여생을

작은 편지

아름드리 거목
아니라도
그 손길 받아
푸를 수 있다면

화려한 꽃 아니어도
그 속삭임 듣고
활짝 필 수 있다면

늘 호령하는
맹수 아니어도
낯선 길
바짝 따라가는
양일 수 있다면

악몽에 잠 못 드는
아프고 무서운 밤에
다독여 안아주는
그대 곁이라면

구름에 올라

배고픈 친구들아
구름에 오르자
돈 없이 먹고 마셔도
한껏 있는 구름 위에서

걸치레 누더기 훌훌 벗어
땅에 팽개치고
구름 묻은 알몸으로
맘껏 뒹굴자

목 터지게 노래하다
제풀에 벅차 눈물 찔금대며
눈치 보지 말고
어깨동무하자

눌린 가슴 활짝 펴
쩌렁쩌렁 호령하고
박장대소 파안광소
포복졸도하자

구름이 무겁다 하면
미련 없이 훨훨 날아
빗줄기로 내려
메마른 구석구석
싹 틔워 주자

그런데유 어머니

어릴적 어머니의 당부는
'물 조심해라' 였지유
홍수에 논밭이 잠기고
동네 어귀 방죽에까지
물이 찰 때면

물 구경 신나
넝쿨 채 떠가는
참외 수박 건지러
동무들과 뛰어들던
무시무시한 황톳물

섬진강이 통째로 열려
넘실대는 물길에 휩쓸리고
왕두리 근처 대밭까지 허우적대며
성난 물의 손찌검
죽을 고비에서
'어머니'를 외치며 헤어났지유

내 나이 차
어머니의 입버릇은
멈추셨지만
여전한 눈빛으로
바라보십니다

그런데유 어머니
'조심해라' 시던 황토물
눈가에 남아
참외 수박 건지러
뛰어들고 싶은 충동에
가슴의 두방망이질은 왜일까유

황토물에 빠져
몽유병자처럼 허적이다
아득히 멀어져가는 자식을
두 눈 뜨고 볼수 없어
주저앉으실 어머니

도회지에 살면서
혼탁하게 흐르는 노한 물결에
뒤엉켜 넘실대고 싶은
까닭은 왜일까요

푸른 하늘 한가로운
들판을 가로질러
물길 호위하는 제방에 올라
모르는 체 흐르는
강물을 봅니다

짓눌러 둔 내 틈틈에서
새어나올 오수
황토물이 되어 홍수 집니다

걷잡을 수 없는 격랑에
휩쓸리지 않으려고
벌어진 틈새 짓누르며
틀어막아 봅니다
어머니
어머니

가지치기

활기찬 거리에
춤추는 수양버들
새움 돋은 가지
경칩에 몽땅 잘려나갔다

입학철이면 되풀이 되는
청춘들의 허망한 주검 대신
어지러이 뒹구는 잔해들
차마 눈 감을 수 없다

까맣게 탄 모성이
피땀에 배어나
매연 범벅으로 일어선 나무둥치
기 막혀 내려 볼 뿐
말을 잃었다

무심결에 밟고 가는 행인들 사이
청소원이 거둬 가고
거리에 찾아온 일상.
늘어선 가로수마다
눈물이 마르고
떼 까치 자리다툼소리만
머리맡에 요란하다

이공일사 사일육

아침 바람 파도 희롱하는
진도 앞바다 맹골수도에
세월호 침몰했네

인천에서 제주도로 수학여행 나선
알토란 같은 단원고생 포함해
삼백 이명 희생으로
가슴 뚫린 산하여

풍랑에 노 젓던 베드로는
물 속에 빠져들 걸 모른 채
준비 없이 뛰어들었지

맹신과 만용에 치장되어
금 간 세상 망각한 채
무턱대고 벌인 생명놀이에
비웃으며 숨어 있는 재앙의 덫

이공일사 사일육은 또 다른 경고
하늘이 무너지고 있어도
춤 놀이에 여념없는 세상을 향한,

망각의 파도에 지워져 갈
억장 무너지는 소리
물 속 깊이 가라 앉았다고
잊고 살건가

친구여 이제는

세월호 희생자 가족들께 바치는 시

피지 못한 꽃송이
가슴에 묻고
무너진 하늘 아래에서
숨 쉴 수 있으려나

고개 숙인 국화꽃 사이
웃고 있는 영정사진
그 눈에 담긴 세상
어찌 추스르련가

훨훨 날아
별이 되어 반짝이는 밤
허공에 내민 손
어찌 거두시려나

함께했던 기쁨과 슬픔
고스란히 남겨 두고
고통 없는 나라에서
행복하다 하리니

만나볼 그 날까지
친구여 이제는 웃으시게나
그대의 웃는 모습 대할 때면
서로 웃더라도
마음으로 함께 울어 주려니

내가 보이느냐
푸른 나무
예쁜 꽃
너만 보는데
행여
나를 보느냐

구름 되면 안길까하여
네 품 찾으면
하늘이 넓다며
피워 올리지만

내려 앉으라
자리 잡지 못하고
쏟아지며
천둥으로 부르는 이름
산아
나의 산아

시 해설

유승우 박사
(인천대학교 명예교수 · 문학박사)

해설

하늘을 향한 향수의 형상화, 꽃과 노래의 길
–최병수의 시세계

유 승 우

1. 들어가는 말

인생의 길에는 세로의 길과 가로의 길이 있다. 세로의 길은 위를 향한 하늘의 길이고, 가로의 길은 지평인 땅의 길이다. 세로와 가로가 만난 것이 십자가이고, 그 교차점이 실존철학에서 말하는 인간존재의 실상인 '없음' 곧 무(無)이다. 인간존재의 실상은 왜 '없음'이며, '무(無)'인가. 철학적으로는 의식적 존재이기 때문이고, 신학적으로는 하나님의 형상이기 때문이다. 하나님의 형상은 '없음'이며,'무(無)'이다. 이 '없음'이 바로 "눈에 보이지는 않으나 반드시 있는 하나님의 신비"이며, 하나님의 특성인 창조성이다. 그렇다. 창조성은 하나님만의 특성이다. 인간이 하나님의 형상이라는 것은, 하나님의 창조성을 지닌 존재라는 것을 의미한다.

창조의 창(創)은 생명의 '없음'에서 '있음'이 되는 것이며, 조(造)는 '형체'의 없음에서 '있음'이 되는 것이다. 그런데 인간에겐 창(創)의 특성은 주어졌지만, 조(造)의 특권은 주어지지 않았다. 그래서 인간은 돌멩이 하나도 만들 수 없으며, 풀 한 포기도 만들 수 없다. 인간은 절대로 창조는 할 수 없고, 변조(變造)만 할 수 있다. 그러면 인간에게 주어진 창(創)의 특성은 무엇인가. 그것이 바로 창작(創作)이다. 이 창작의 특성을 발휘하라고 인간에게 주신 힘이 상상력이다. 상상(想像)은 우리말로 '그리다'이다. 그러니까 상상력은 '그리는 힘'이다. 인간존재가 '없음'이기 때문에 '있음'을 '그리는 힘'을 주신 것이다. 상상력은 '없음'을 느낄 때 발휘된다. 부모가 없는 고아는 부모의 모습을 그리고, 사춘기가 지나서도 연인이 없는 사람은 연인의 상을 그린다. 눈으로 볼 수 있게 그리면 그림이 되고, 마음으로만 그리면 그리움이 된다. 인간이 '없음'의 존재라는 것은 그리움의 존재라는 의미이다.

인생의 길에서 가로의 길은 출생에서 사망에 이르는 자연의 길이다. 자연은 "하늘에서 이루어진" 100%의 완성품이다. 하나님의 작품이란 말이다. 인간이 하나님의 형상인 것은 "하늘에서 이루어진 것처럼 땅에서도 이루어지게" 하시려고 인간에게 '그리는 힘을' 주셨기 때문이다. 위를 향한 세로의 길이 바로 "땅에서도 이루어지게" 하시려고 인간에게 주신 창작의 길이며, 생명의 없음에서 있음이 되게 하는 예술의 길이다. 예술(藝術)의 '예(藝)'자는, "사람이 식물의 종자를 심는 모습을 상형한" 글자이며, 그 뜻은 '종자'와 '심다'이다. 그러니까 예술은, "식물의 종자를 심어서 키우는 기술"이다. 하나님이 인간에게 심어서 키우라고 주신 종자가 바로 말씀이다. 이 말씀이 곧 하나님의 형상이며, 신비이며, 상상력이다. 말씀의 종자를 심어 싹을 틔우고, 꽃을 피우며, 열매를 맺게 하는 것이 언어예술이며, 시이다. 왜 하필 식물에다 비유했을까. 동물은 지평으로 기는 것이 삶이지만, 식물은 수직으로 오르는 것이 삶이기 때문이다.

나는 왜 이렇게 새로운 시론을 전개하는가. 최병수 시인이 그냥 시인이 아니라 목사이며 시인이기 때문이다. 목사이며 시인인 분들의 작품에서 50%의 문학만 만나도, 나는 그분의 문학성을 존경한다. 종교는 문학작품의 위대성과는 관계가 있지만, 문학과는 아무런 관계가 없다고 T.S 엘리어트는 말했다. 문학이냐 아니냐는 오로지 문학적 기준에 의해서만 결정된다는 말이다. 나는 최병수 시인의 작품을 통독하면서, 너무나 즐거운 충격을 만났다. 잠을 설치면서까지 시 읽기에 빠져들었음을 고백한다.

2. 시인의 길, 말씀의 길

인간은 왜 '없음'의 자리에 던져졌을까. 에덴에서 쫓겨났기 때문이다. 인간존재의 원형인 숲을 상징하는 것이 에덴동산이다. 에덴동산에서 두 그루의 나무로 상징되는 아담과 이브는 하나님과 대화하는 것이 삶의 전부였다. 하나님과의 대화(對話)는 교감(交感)이며, 우리말로는 '사귐'이다. 어디에서나 하나님과 함께였다. 그런데 이 에덴동산에서 인간이 쫓겨났다. 원형을 상실하고, '없음'의 세계에 던져진 것이다. 그러나 대부분의 사람들은 먹이를 찾아 가로의 길에서 헤매고 있다. 몇 안 되는 사람만이 에덴에 대한 향수에 젖어 하늘을 바라고 있다. 이를 가리켜 성경에서는, "심령이 가난한 자는 복이 있나니 천국이 그들의 것임이요."라고 했다. 심령이 가난한 자는 에덴에 대한 향수를 지닌 자이며, 천국은 하나님과의 영적 교감을 하는 곳이다.

고층아파트 좁은 하늘에
별 하나 떴습니다
아잇적 종탑 타고 내려와
하늘 이야기 들려주던
세월에 빠뜨려
잃어버린 그 별
새벽기도 길목조차
땅만 보고 가는 나를
퉁퉁 부은 눈으로
불러댑니다

별 따라가리라던 다짐
까맣게 잊어버려
마구간에서
홀로 기다리다 지치고

물 긷는 사마리아 여인과
막달라 마리아의 눈물에도
혼자 반짝였노라며
마주치자마자
와락 품에 안깁니다

하 오래 멀어져
안절부절 고개 숙이는
소맷자락 채어
맨 처음 품었던
하늘길로 가잡니다

-〈잃은 별 찾은 별〉 전문.

위의 작품은 시집의 표제가 된 작품이다. 시집의 표제는 집의 문패와 같다. 문패에는 그 집 주인의 성과 이름이 적혀있다. 성은 그 집안의 내력을 말해주고, 이름은 주인의 현재를 말해 준다. 시집의 『잃은 별 찾은 별』이란 표제만 보아도, 최병수 시인의 "별을 잃은 내력과 별을 찾은 현재"를 그려놓은 것이 그의 시세계임을 알 수 있다. 별은 꿈이다. 별과 꿈은 밤에만 있다. 왜 밤인가. 고향에서 쫓겨났기 때문이다. 고향에는 공간적인 고향과 시간적인 고향이 있다. 공간적인 고향은 태어나 자란 곳이며, 시간적인 고향은 유년이다. 이 두 가지 고향을 상징하는 것이 에덴동산이다. 공간적인 고향에는 특별한 경우가 아니라면 언제나 돌아갈 수 있다. 그러나 시간적인 고향에는 누구도 돌아갈 수 없다. 돌아갈 수 없는 고향을 그리는 것이 향수다. 시인은 지금 어른이 되어 고향을 그리는 향수에 젖어있다. 그래서 "고층아파트 좁은 하늘에 / 별이 떴습니다 / 아잇적 종탑 타고 내려와 / 하늘이야기 들려주던 / 세월에 빠뜨려 / 잃어버린 그 별"이라고 한 것이다. 고층아파트는 문명화된 현실적 공간이다. 시인의 향수가 공간적인 고향에 대한 것이라면, 고향으로 가면 해결된다. 그러나 아니다. 그의 향수는 바로 "아잇적 종탑타고 내려와 / 하늘 이야기 들려주던" 별에 대한 향수다. 어른이 되어 "세월에 빠뜨려 잃어버린 그 별"에 대한 향수다. 별이 들려주던 하늘이야기에 대한 향수다. 이 향수가 자연인 최병수를 목사시인 최병수가 되게 한 것이다.

별은 빛이며, 꿈이다. 별은 언제나 "새벽기도 길목조차 / 땅만 보고 가는 나를 / 퉁퉁 부은 눈으로 / 불러댑니다"에서 보듯, 최병수를 놓아주지 않는다. 마침내 별의 부름소리를 듣게 되고, "와락 품에 안기는" 교감이 이루어진 것이다. 시의 나라 백성이 된 것이다. 시는 신과의 대화이다. 시인은 에덴동산의 아담과 하와이다. 별과도 대화하고, 뱀과도 대화한다. 플라톤도 시신(詩神)과의 교감이 없이는 시인이 될 수 없다고 했다. 이제 최병수는 시신과의 교감이 이루어진 것이다. 그의 시신은 물론 하나님이다. 그래서 "맨 처음 품었던 / 하늘 길로 가잡니다"로 시가 마무리 되는 것이다. "맨 처음 품었던" 꿈은 "하늘 길로 가"는 것이다. 그 꿈은, 옷을 벗고도 벗은 줄도 모르는 아담과 이브의 동심이다. 동심이 곧 시심이며, "어린아이와 같지 않고는 아버지께로 갈 수가 없는 것이다. 에덴동산이 바로 인간의 시간적 고향이다. 과학적 기계의 타임머신은 없다. 상상의 날개로 하늘에 오르는 시만이 타임머신이다.

> 길이 끝난 지점에서도
> 깊은 호수의 침묵 속으로도
> 시인은 달립니다
>
> 유성을 부싯돌 삼아
> 신기전 심지에 불붙인
> 뜨거운 화약을 품고
> 식은 가슴에 박혀 터지고자
> 시공을 가르는 언어
> 채워 달립니다
>
> 적막과 고요의 세상
> 흔들어 깨우고
> 다툼과 갈등의 계절
> 다독여 재우며
>
> 가파른 언덕을 향해
> 가쁜 숨 내쉬는 민달팽이처럼
> 바람에 몸살 앓고
> 햇빛에 열병 들수록
> 멈춰 서지 못합니다

살아생전에
시 한편 잘 구워내는
도공이 되고
모두의 가슴을 울리는 글귀를
불꽃 튀는 망치소리로 새겨지고파
영혼에서 영혼으로
징검다리 놓아 달립니다

-〈시인은 달립니다〉 전문

이제 시인의 길이 시작되었다. 길이 멈추면 길이 아니다. 그래서 흐름소리 'ㄹ' 받침이다. 생명을 상징하는 물도 계속 흘러야 함으로 'ㄹ'이고, 영혼을 상징하는 불도 계속 타올라야 함으로 'ㄹ'이며, 물과 불의 조화 곧 음양조화로 싹이 트는 풀도 'ㄹ'이다. 다시 말해 〈물+불=풀〉이 생명의 법칙이며, 시의 길이다. 생명(生命)의 생(生)은 흙에서 나와 자라는 것의 상형이고, 명(命)은 입이 있어 소리를 낸다는 것의 상형이다. 식물과 동물의 생명현상을 나타낸 것이다. 생명은 멈추면 죽음이다. 그래서 계속 흐르는 물을 생명에 비유한 것이다. 훈민정음 창제 당시 'ㄹ'을, 혀의 움직임을 상형한 '흐름소리(流音)'라고 했다. 그러니까 'ㄹ'은 생명의 흐름을 상징한 자모이다. 한자의 말씀 언(言)자도 혀의 움직임을 상형한 것이며, 말의 받침도 'ㄹ'이다. 그래서 언어예술인 시의 길은 생명의 길이며, 창작(創作)의 길이다. 시 짓기는 집짓기가 아니다. 집짓기는 실용이지만, 시 짓기는 풀이나 꽃처럼 생명의 피어남이다. 그런데 예술도 실용이 앞서면 집짓기가 된다. 그림도 돈이 되니까 화가(畵家)이고, 노래도 음악가이며, 소설도 소설가이다. 다 실용적으로 일가(一家)를 이룬 것이다. 그러나 시인은 영원히 시가(詩家)가 될 수 없다. 일가(一家)를 이루고, 대가(大家)가 되어 안주하면 흐름이 멈춘다. 오직 시인은 "길이 끝난 지점에서도 / 깊은 호수의 침묵 속으로도 / 시인은 달립니다"의 멍에를 벗을 수 없다. 물은 생명의 원형상징이며, 호수는 괸 물이다. 물은 호수로 머물러 있으면 안 된다. 이 물은 시인 내면의 물이다. 내면에 고인 의식의 물을 요동시켜야 한다. 물이 된 의식을 불로 타오르게 해야 한다. 영혼은 원래 하늘에서 온 불이다.

불이 물속에 잠기면 안 된다. 말씀은 불씨다. 시인이 되어 별을 찾았으니, "유성을 부싯돌 삼아 / 신기전 심지에 불붙인 / 뜨거운 화약을 품고 / 식은 가슴에 박혀 터지고자 / 시공을 가르는 언어 / 채워 달립니다"의 시인이 된 것이다. 최병수는 운명적으로 목사 시인이다. 신기전(神機箭)은 신의 화살이다. 말씀의 화살이란 말이다. 식은 가슴은 물속에 잠긴 마음이다. 세속에 빠진 마음이다. 잠든 영혼이다. 물은 세속이며, 실용이다. 말씀의 화살로 "적막과 고요의 세상"은 "흔들어 깨우고", "다툼과 갈등의 계절"은 "다독여 재우며 / 가파른 언덕을 향해 / 가쁜 숨 내쉬는 민달팽이처럼" 시인은 "멈춰 서지 못합니다"라고 한다. 참으로 시인의 길은, "영혼에서 영혼으로 / 징검다리 놓아 달립니다"와 같은 사명의 길이다. 시는 영혼의 잠을 깨우는 말씀의 불화살이다. 하나님의 불화살이다. 이를 가리켜 "시는 신화이다"라고 한다. 신화(神話)의 뜻은, 〈1.신들의 이야기, 2.신과의 대화〉이다. 1.은 서사시를 가리키고, 2.는 서정시를 의미한다. 시의 길은 에덴동산으로 가는 길이다.

3. 꽃의 길, 노래의 길

생물에는 식물과 동물이 있다. 이 두 생물의 요소를 조화한 것이 인간이란 생물이다. 속사람인 영혼은 식물적 요소이고, 겉 사람인 육체는 동물적 요소이다. 영혼은 하늘에서 왔기 때문에 하늘에 대한 향수를 지닌 식물적 요소이며, 육체는 땅에서 왔기 때문에 땅에 대한 향수를 지닌 동물적 요소이다. 향수는 고향에 대한 그리움이다. 식물은 하늘에 대한 향수로 해서 땅에서 나와 하늘을 향해 자라고, 동물은 땅에 대한 향수로 해서 땅과 많이 접촉해야 편하다. 한 발로 서는 것보다 두 발로 서는 것이 편하고, 서는 것보다 앉는 것이, 앉는 것보다 눕는 것이 더욱 편하다. 누워서 영원히 일어나지 않으면 고향에 돌아가 영면하는 것이다.

땅에서 나와 자라는 것은 식물의 생(生)이고, 입이 있어 소리치는 것은 동물의 명(命)이다. 식물은 자라나면 산 것이고, 동물은 소리를 내면 산 것이다. 이 두 가지를 합한 것이 생명(生命)이다. 식물이 땅에서 나와 자라는 것은 하늘을 향하는 것이다. 왜 하늘을 향할까. 빛 때문이다. 빛은 식물의 생명이며, 꿈이다. 이 빛을 받아서 제 빛깔로 형상화하는 것이 꽃이다. 그래서 식물적 생명의 절정은 꽃이다. 눈에 보이는 겉 사람은 동물적 요소이다. 동물적 요소란 입이 있어 소리치는 명(命)이다. 동물의 입은 오로지 먹기 위한 기관이다. 그래서 먹이를 달라고 소리치는 것이 명(命)이다. 그런데 인간의 입은 먹이가 들어가기도 하고, 말소리가 나오기도 한다. 식물이 빛을 만나 꽃을 피워내듯이, 빛을 만난 기쁨이 말소리로 피어나면 노래가 된다. 노래는 영혼의 꽃이다. 노래는 〈놀+애〉이며, '놀'은 신(神)이란 뜻이고 '애'는 접미사이다. 식물이 빛을 만나 꽃을 피우듯이 영혼이 신을 만나면 노래로 피어난다. 신을 만난다는 것은 신과의 교감이고, 신과의 교감은 신과의 대화 곧 시와 노래이다.

기다리는
따뜻한 품이
축복임을 몰랐습니다

풍파에 깎이고 닳아도
바위가 있을 곳
바닷가 그 자리듯
오직 기대야 할 나의 님

처음 사랑받은 벧엘에 와
무너진 돌

맨손으로 먼지 털어 세우고
간절한 기름 한 종지 부어
기러기 울음으로 부릅니다

돌아섬이 기쁨임을
모르고 살아 허기진 영혼
적당히 두른 울타리
비좁다 걷어내고

표지석 널리는 몸부림이
방황에 지나지 않았음을
나이 들어 지친 육신
벧엘에 와서야 멎습니다

-〈벧엘에 와서야〉 전문.

벧엘은 '하나님의 집'이라는 뜻과 '기쁨'이라는 뜻이라고 한다. 그리고 성경에서 예루살렘 다음으로 많이 나오는 말이라고 한다. '하나님의 집'은 목사로서 반드시 가야할 마지막 집이다. 그러나 마지막 집이라면, 겉 사람의 마지막 집이 땅속이듯 속사람의 마지막 집은 하늘이다. 땅속과 하늘은 사람이 죽어서 가는 곳이다. 죽어서 귀(鬼)가 되면 땅속에 갇히고, 신(神)이 되면 하늘로 간다. 종교적 용어로는 지옥과 천국이다. 시적 이미지로 말하면, 귀(鬼)는 어둠의 꽃이고, 신은 밝음의 꽃이다. 심리적 이미지로는, 어둠은 슬픔이고, 밝음은 기쁨이다. 벧엘의 뜻이 '하나님의 집'과 '기쁨'이라는 것을 이해할 수 있다. 하나님의 집은 천국이며, 기쁨이다. 그러나 인생에서 가로의 길은 어둠과 밝음이 교차한다. 이러한 진실을 서경에서는 “저녁이 되고 아침이 되니…”라고 했다. 벧엘에 이르기까지 최병수는 수많은 “저녁이 되고 아침이 되니…”를 겪었을 것이다. 그러나 최병수는 현재 〈벧엘에 와서야〉 하나님의 집이 “기다리는 / 따뜻한 품이 / 축복임을 몰랐습니다”라고 고백한다. 사실은 신앙고백이다.

벧엘은 “풍파에 깎이고 닳아도 / 바위가 있을 곳 / 바닷가 그 자리듯 / 오직 기대야 할 나의 님”이라고 고백한다. 여기서 ‘나의 님’은 하나님이다. 독자에게 노골적인 신앙고백으로 전달될 것을 생각하고, ‘나의 님’이라고 한 것 같다. 그러나 어휘가 문제가 아니다. 〈벧엘에 와서야〉란 제목만 가지고도 이 작품이 종교적인 주제임을 알 수 있다. 시에서 중요한 것은 어떻게 형상화했느냐 하는 것이다. 작품의 형상화는 식물이 꽃을 피우는 것과 같다. 꽃은 피어서 보여주기만 할 뿐 자신의 처지를 설명하지 않는다. 셋째 연의 “처음 사랑받은 벧엘에 와 / 무너진 돌 / 맨손으로 먼지 털어 세우고 / 간절한 기름 한 종지 부어/ 기러기 울음으로 부릅니다”에서 보듯, 하나님의 품에 안긴 기쁨을 이미지로 형상화해서 보여준다. 4행까지는 성경적 내용이 연상되는 이미지이다. 그러나 “기러기 울음으로 부릅니다”에서는, 하나님 앞에 단독으로 나가는 “절대고독과 절대은혜”를, 광막한 하늘을 날며 짝을 부르는 기러기 울음으로 형상화한 것이다. 종교는 문학의 위대성과 뗄 수 없는 관계라고 한

T.S 엘리어트의 말이 떠오르게 한다. 우리나라 기독교인의 시에는 문학이 없고, 일반적인 작품에는 사상이 없다고 하는 것이, 식견 있는 평자들의 지적이다.

겨울 밀쳐내고 / 하룻밤 봄바람에 /
순결로 활짝 / 피어나면

터질세라 수줍은 / 우윳빛 봉오리에 /
속절없는 햇살 / 무성의한 손길

굶주린 사랑 / 채울 길 없어 / 차라리 /
빗물 따라 / 우수수 떨어지네

-〈목련의 오후〉 전문

별들은 / 예쁘게 화장을 하고 내려와 /
외로움 타는 이들에게 / 꽃으로 핀다

질 때까지 / 지우지 않은 /
고운 색 향기로 / 물들어 가는 오솔길

원래 별자리는 길가였을까 / 바람에 흩날리는 /
유성꽃잎에 / 밤과 낮이 설레인다

너는 별 / 나는 꽃 / 하늘과 땅 멀어도 /
웃음 한 번으로 / 우리가 되는

-〈별꽃 우리〉 전문.

바다는 목에 걸린 세월을 /
울컥울컥 /

모래사장에 토해낸다 /
벌거벗고 누워있는 수줍은 모래톱 /
전력질주 짝짓기 시도하지만 /
대양大洋의 기세로도 오르지 못하고 /
가시 걸린 세월만 내뱉는다

추파의 몸부림에 /
몽정에 시달리던 /
사춘기 부끄러움 되살아나 /
빈 가슴 도리질로 파문 일고 /
밤낮 증폭된 욕망이 출렁인다

먹구름 속 /
케케묵은 옷 벗겨진 줄 모르는 전선電線의 /
부끄러운 입씨름스파크 바다를 찌르고 /
덩치 큰 태양의 이글거리는 변덕 /
안겼다 빠져나갔다 피로 물들었다 아물었다 /
시달린 바다는 갈가리 찢어진다

속 시원히 안겨 보지 못한 모래사장은 /
불감증 걸린 석녀처럼 누워 있고 /
대양을 다 채우고도 제대로 품지 못해 /
페로몬 메마른 바다의 상처 난 열정 /
파도의 애무는 단지 손찌검이다

-〈파도〉 전문.

풀과 나무는 초목(草木)으로 인간(人間)의 정신을 상징한다. 이들 초목과 같이 한 사람으로는 인간(人間)이 될 수 없다. 다시 말해 두 사 람 이상이어야 사람사이 곧 인간이 될 수 있기 때문에 사람은 반드시 숲을 이루어야 한다. 숲에는 풀과 같은 민초(民草)가 있는가 하면, 쭉쭉 뻗은 나무인 인재(人材)도 있고, 꽃을 아름답게 피우는 화초와 꽃나무도 있다. 수풀 림(林) 자를 이루는 두 그루의 나무는 음양(陰陽 곧 한 여자와 한 남자의 상징이고, 삼림(森林)을 이루는 다섯 그루의 나무는 오행(五行)의 상징이다. 그러니까 수풀 림(林)자는 한 여자와 한 남자가 만나서 가정이 탄생하는 것의 상징이고, 다섯 그루의 나무인 삼림(森林)은 음양을 바탕으로 오행(五行)의 상생(相生)과 상극(相剋)에 의하여 인간사회가 이루어지는 것을 상징한다. 그래서 인간을 사회적 동물이라고 한다. 삼림(森林) 은 인간사회의 원형이며 모델이다.

인간존재의 원형인 숲을 상징하는 것이 에덴동산이다. 에덴동산에서 두 그루의 나무인 아담과 이브는 하나님과 대화하는 것이 삶의 전부였다. 하나님과의 대화(對話)는 교감(交感)이며, 우리말로는 '사귐'이다. 어디에서나 하나님과 함께였다. 그런데 이 에덴동산에서 인간이 쫓겨났다. 원형을 상실하고 고향에서 쫓겨난 것이다. 그러나 대부분의 사람들은 먹이를 찾아 땅 위에서 헤매고 있다. 몇 안 되는 사람만이 에덴에 대한 향수에 젖어 하늘을 바라고 있다. 이를 가리켜 성경에서는, "심령이 가난한 자는 복이 있나니 천국이 그들의 것임이요."라고 했다. 심령이 가난한 자는 에덴에 대한 향수를 지닌 자이며, 천국은 하나님과의 대화인 영적 교감을 회복하는 것이다. 하나님과 함께하는 곳이 천국이기 때문이다. 에덴에 대한 향수를 지닌 사람이 "심령이 가난한 자"이며, "천국이 그들의 것"이다. 최병수는 이 향수를 가지고 "벧엘에 와서", 복 있는 자가 되어 하나님과 교감하는 것이다. 시인으로서 시를 쓰고 있는 것이다.

시인은 심령이 가난한 자이다. 최병수 시인도 시집의 표제인 『잃은 별 찾은 별』에서 살펴본 바와 같이 심령이 가난한 자이다. 에덴을 그리워하는 향수에 젖어 있다. 그래서 빛에 대한 향수로 하늘만을 향해 서 있는 식물을 시적 제재로 선택한다. 특히 꽃을 제재로 한 시가 많다. 시집 제 2부의 표제인 〈목련의 오후〉도 목련꽃이 제재이다. 꽃은 식물적 생명의 절정이라고 했다. 목련은 개화의 기간이 짧다. 그래서 "굶주린 사랑 / 채울 길 없어 / 차라리 / 빗물따라 / 우수수 떨어지네"로 마무리 된다. 목련은 꽃이 진 다음에 잎이 피어 푸르게 무성해진다. 흰색의 꽃은 무성한 잎의 길을 예비하는 이미지다.

제 3부의 표제 작품은 〈별꽃 우리〉다. 별은 하늘동산의 꽃이고, 식물의 꽃은 지상의 꽃이다. 밤에만 뜨는 별을 보는 것은 사람뿐이다. 먹이 찾아 가로의 길을 헤매는 이는 별을 쳐다볼 줄 모른다. 야행성 동물도 별을 쳐다보지 않는다. 향수를 지닌 사람만이, 그러니까 시인들만이 별을 쳐다본다. 동방박사도 하늘을 쳐다보았기에 예수 탄생을 알

리는 별을 보았다. 양 틈에 자던 목자들도 하늘을 쳐다보았기에 별을 보았다. 그래서 "너는 별 / 나는 꽃 / 하늘과 땅 멀어도 / 웃음 한 번으로 / 우리가 되는"이라고 마무리 한다.

제 4부의 표제 작품은 〈파도〉이다. 파도는 뭍을 향한 바다의 의지다. 물은 인간생명의 원형상징이다. 지면의 70%를 차지하고도 멈출 줄 모르는 욕망의 상징이기도 하다. 최병수의 시는 거의가 하늘에 대한 향수의 형상화이다. 그런데 〈파도〉는 바다의 뭍을 향한 의지의 형상화다. 바다의 생동감을, "바다는 목에 걸린 세월을 / 울컥울컥 / 모래사장에 토해낸다 / 벌거벗고 누워 있는 수줍은 모래톱 / 전력질주 짝짓기 시도하지만 / 대양의 기세로도 오르지 못하고 / 가시 걸린 세월만 내 뱉는다"와 같이 의인화해서 관능적인 이미지로 형상화한다. 그러나 관능적인 느낌은 전연 없고, 자연의 순수한 생동감만 파도처럼 압도한다. 순수한 사물시이기 때문이다. 의인적 비유의 이미지에서, 시인의 상상력의 일면을 엿볼 수 있다. 현대적 과학비평의 길을 연 I.A 리챠즈는, "시인의 우열은 상상력의 우열에 달려 있으며, 상상력의 우열은 비유의 능력에 의해 판단된다"고 했다. 목사시인이면서 기독교적 관념의 늪에 빠지지 않은 시인임을 확인할 수 있다.

4. 나오는 말

식물적 생명의 절정은 꽃이고, 동물적 생명의 절정은 노래이다. 식물의 꽃은 하늘에 대한 향수의 형상화다. 동물의 입은 먹기 위한 기관이다. 그래서 동물은 먹이를 찾아 땅을 헤맨다. 하늘에 대한 향수가 없기 때문이다. 동물의 하늘에 대한 향수는 날개이다. 날개는 날아오르려는 의지다. 날개가 없는 동물의 입은 먹이를 먹기 위한 기관이지만, 날개가 있는 동물의 입은 노래하는 입도 된다. 새들이 노래하고, 곤충까지도 노래한다. 하늘에 대한 향수의 표현이다. 그러면 인간은 어떻게 노래를 하나. 상상의 날개가 있기 때문이다. 그래서 시는 인간이 하늘에 대한 향수를 형상화한 영혼의 꽃이다.

영혼은 육신처럼 죽지 않는다. 식물이 동물처럼 죽지 않는 것과 같다. 동물은 목을 자르면 죽지만, 식물은 목을 자르면 더욱 푸르게 더욱 많이 돋아난다. 영혼이 현실적으로 고난을 만나면, 하늘에 대한 향수가 더욱 강화되는 것과 같다. 심령이 가난한 자가 되는 것이다. 영혼은 죽지 않고 잠들 뿐이다. 배부른 영혼은 잠든다. 상상력이 잠든다. 영혼을 깨워 일으켜야 한다. 상상의 날개로 하늘을 향해 날아올라야 한다. 이를 가리켜 한자로 흥(興)이라고 한다. 영혼이 잠들면 망(亡)한다. 상상력이 잠들면 개인이나 국가나 망할 수밖에 없다. 그래서 시인은 많을수록 좋다. 공자는 이

런 진리를 알아서, 시로만 영혼이 깨어난다고 했다.(興於詩)

최병수 시인의 시집『잃은 별 찾은 별』을 통독하면서, 이 시인의 시세계는 하나님에 대한 향수의 형상화라는 것을 확인할 수 있었다. 최병수 시인이 언제나 "심령이 가난한 자는 복이 있나니 천국이 그들의 것임이요"의 주인공이 되길 기도할 뿐이다.

사상과문학시인선 · 4

잃은 별 찾은 별

초판인쇄 2014년 5월 23일
초판발행 2014년 5월 30일

지 은 이 최병수
펴 낸 이 박영률
펴 낸 곳 하나로선 사상과문학사
인쇄기획 엔크기획

출판등록 제2012-000301호
주 소 서울시 마포구 신수동 창전로2길 27호
전 화 02)326-3627
팩 스 02)717-4536

I S B N 978-89-961468-3-4 03230
정 가 8,000원

이 도서의 국립중앙도서관 출판시도서목록(CIP)은 서지정보유통지원시스템 홈페이지(http://seoji.nl.go.kr)와 국가자료공동목록시스템(http://www.nl.go.kr/kolisnet)에서 이용하실 수 있습니다.(CIP제어번호: CIP2014016070)